AF586232

LE

# FILS DU PRINCE

Opéra-comique en deux actes,

PAROLES DE M. SCRIBE,

MUSIQUE DE M. DE FELTRE,

REPRÉSENTÉ, POUR LA PREMIÈRE FOIS, A PARIS,

SUR LE THÉATRE ROYAL DE L'OPÉRA-COMIQUE,

LE 28 AOUT 1834.

PARIS.

J.-N. BARBA, LIBRAIRE,

PALAIS ROYAL, GRANDE COUR,

DERRIÈRE LE THÉATRE FRANÇAIS.

1834

| PERSONNAGES. | ACTEURS. |
|---|---|
| LE DUC DE WEIMAR. | MM. Henri. |
| ALBERT, son fils. | Jansenne. |
| ADOLPHE, son neveu. | Couderc. |
| GROMLER, leur gouverneur. | Féréol. |
| BLANCHE DE SYMMEREN, promise à Albert. | Mmes. Rifaut. |
| EMMELINE, jeune orpheline, fille d'un ancien officier. | Casimir. |

La scène se passe en Allemagne, dans le duché de Weimar.

IMPRIMERIE DE E. DUVERGER,
RUE DE VERNEUIL, N. 4.

# LE FILS DU PRINCE,

## OPÉRA-COMIQUE.

# ACTE I.

Le théâtre représente une forêt ; à gauche, l'entrée d'une chaumière.

## SCENE PREMIÈRE.

PIQUEURS *et* CHASSEURS, *descendant de la montagne.*

*INTRODUCTION.*

Chasseurs intrépides,
Parcourons les bois,
Honte aux cœurs timides!
Gloire aux plus adroits!
Que rien ne nous lasse,
Dangers à courir,
En doublant l'audace,
Doublent le plaisir.

QUATRE CHASSEURS, *regardant autour d'eux.*

Des sentiers sans nombre
Coupent ce chemin;

QUATRE AUTRES.

Dans la forêt sombre
Nous errons en vain;

QUATRE AUTRES.

Et perdant la trace
De nos compagnons,
Bien loin de la chasse
Nous nous égarons;
Que rien ne nous lasse!
Dangers à courir,
En doublant l'audace,
Doublent le plaisir.

TOUS.

Chasseurs intrépides,
Parcourons les bois, etc.

(*Apercevant Albert qui, le fusil sur l'épaule, sort de la chaumière à gauche du spectateur.*)

PREMIER CHASSEUR.

Mais cet homme saura peut-être
Nous enseigner notre route.

ALBERT, *les apercevant.*

Ah! grands dieux!
Des valets de la cour, des piqueurs en ces lieux!
Aucun d'eux par bonheur ne peut me reconnaître;

PREMIER CHASSEUR.

Le grand-duc Weimar chasse dans la forêt;

ALBERT, *à part.*

O ciel! mon père!

PREMIER CHASSEUR.

Et pourriez-vous nous dire,
Si nous sommes bien loin de l'étang de Varnet?
C'est là le rendez vous;

ALBERT, *à part.*

A peine je respire!
*haut.*)
Suivez droit ce chemin, il doit vous y conduire,

PREMIER CHASSEUR.

Grand merci!
Le prince nous attend.

ALBERT, *à part.*

Que Dieu veille sur lui!

CHOEUR.

Chasseurs intrépides,
Parcourons les bois, etc.

(*Ils sortent par une allée de la forêt.*)

## SCENE II.

ALBERT, *seul.*

**Mon père aussi près de moi! et dans un pareil moment! lorsque je viens de déclarer à Emmeline... Ah! il m'a fallu la tromper encore! je n'ai pas eu le courage d'achever. Si je lui avais dit que celui qu'elle croit son époux..... est le fils de son souverain, et que jamais nous ne pourrons être unis... je la voyais à mes pieds expirer de douleur... Par bonheur le comte Adolphe, mon cousin, s'est, dans ce moment, offert à ma pensée... j'ai pris son nom... C'en était assez pour justifier mon trouble et pour la préparer au coup fatal que tôt ou tard il faudra bien lui porter... Mais la voici, c'est Emmeline!...**

## SCENE III.

### ALBERT, EMMELINE.

EMMELINE. Adolphe... vous me fuyez... vous craignez mes reproches?

ALBERT. Je ne les ai que trop mérités!

EMMELINE. Oui, sans doute, mais je vous ai pardonné... puisque vous m'avez tout avoué... Pourquoi cet air triste et malheureux?.. Avez-vous encore quelques chagrins que j'ignore?

ALBERT. Ah! si tu savais quels tourmens nous attendent!..

EMMELINE. Je les devine. . et je te les aurais épargnés si tu avais eu confiance en moi... Si en m'offrant ta main tu m'avais dit : « Emmeline... je t'aime : mais loin d'être d'une condition égale à la tienne... je suis riche... je suis noble...»

ALBERT. Eh bien?..

EMMELINE. Eh bien! par amour pour toi, je t'aurais refusé... Je sais les regrets qui suivent une telle alliance... les discours du monde... les railleries de la cour.

ALBERT. Eh! que m'importe?.. si ce n'était que cela, je braverais tout...

EMMELINE. Alors que crains-tu? quels dangers nous menacent?

ALBERT. Si tu connaissais la sévérité du duc de Weimar, son inflexible rigueur... c'est mon souverain... je dépends de lui...

EMMELINE. Oui, ta fortune en dépend... mais toi... quelle obéissance lui dois-tu? si ce n'est celle d'un sujet?.. Quel droit a-t-il sur les inclinations et les sentimens de son neveu? Et, après tout, est-ce un crime digne de sa colère que d'avoir épousé la fille d'un ancien officier mort à son service, sur le champ de bataille?

ALBERT. Non, sans doute... mais comment lui déclarer jamais?...

EMMELINE. Eh bien! j'imagine un moyen qui peut nous sauver... Va tout avouer à son fils, le prince Albert.

ALBERT. Que dis-tu?

EMMELINE. On prétend qu'il est si bon, si généreux! tout le monde l'aime et le bénit... Je n'entends parler que des heureux qu'il a faits; pourrait-il refuser à son ami, à son cousin, la protection qu'il accorde à tous ses sujets... C'est lui qui parlera au grand-duc, et c'est à lui que nous devrons notre bonheur!.. Eh bien! mon ami, que dites-vous de mon projet... ne vous sourit-il pas?

ALBERT. Oui... mais c'est impossible!.. Dans ce moment le prince Albert n'est point à la cour... depuis trois mois il en est absent.

EMMELINE. C'est égal... il ne peut tarder à y revenir, puisque le monsieur de la ville que nous avons rencontré hier nous a dit qu'on l'attendait de jour en jour, et que tout s'apprêtait pour son mariage avec la jeune duchesse de Symmeren qui vient d'arriver... Qui sait même? ce mariage peut nous être utile et servir nos desseins.

ALBERT. Les servir ?...

*RÉCITATIF.*

Non, je ne le crois pas, et le ciel en courroux
A nos désirs sera contraire!

EMMELINE.

Ah! je puis braver sa colère,
S'il me laisse mon époux!

*DUO.*

Ni les grandeurs, ni la richesse,
Adolphe, n'ont séduit mon cœur;
Te voir toujours, t'aimer sans cesse,
Pour moi voilà le vrai bonheur!

ALBERT.

Quoi! tu ne veux que ma tendresse?

EMMELINE.

Elle suffit à mes souhaits.

ALBERT.

Et si je perdais ma richesse?

EMMELINE.

Ce n'est pas elle que j'aimais.

ENSEMBLE.

EMMELINE.

Toi dont j'implore la puissance,
Amour, viens rassurer son cœur!
(*à Albert.*)
Oui, conserve encor l'espérance,
Bientôt reviendra le bonheur.

ALBERT.

Ah! rien n'égale ma souffrance!
Hélas! loin de croire au bonheur,
Je sens même que l'espérance
S'éloigne à jamais de mon cœur.

ALBERT.

Dans cet humble et modeste asile,
Que ne puis-je passer mes jours;
J'y vivrais heureux et tranquille
Près d'Emmeline et des amours!

EMMELINE.

Ces lieux ont donc pour toi des charmes?

ALBERT.

C'est là que j'ai reçu ta foi!

EMMELINE.

Ton cœur ne conçoit plus d'alarmes?

ALBERT.

Je les oublie auprès de toi.

ENSEMBLE.

ALBERT *et* EMMELINE.

Amour! quelle est donc ta puissance!
Sa voix a rassuré mon cœur;
Oui, je reviens à l'espérance,
Et je crois encor au bonheur.

ALBERT, *reprenant son fusil qu'il a posé contre un arbre.* Je vais faire un tour dans la forêt... Adieu, Emmeline. (*Il sort.*)

## SCENE IV.

EMMELINE, *seule.*

Adieu... adieu, mon ami!... Grace au ciel, me voilà un peu rassurée... Mais cette nouvelle m'avait d'abord fait une frayeur... *Monsieur le comte Adolphe.* Oh! le vilain nom!.. je ne pourrai jamais m'y habituer... Lui qui est si bon, si aimable... qui a tant de raisons pour être aimé... à quoi bon être grand seigneur?.. il pouvait s'en passer!

## SCENE V.

EMMELINE, ADOLPHE.

ADOLPHE, *en dehors.* Mon gouverneur... par ici... le sentier à droite... Eh bien! je ne le vois plus... il se sera perdu dans les taillis... je vais le chercher. (*apercevant Emmeline.*) Non, ma foi, j'aime mieux rester ici.

EMMELINE. Quel est ce jeune monsieur?

ADOLPHE. Un chasseur qui s'est égaré... et qui ne sait plus comment regagner la grande route.

EMMELINE. Par ici, monsieur, je vais vous enseigner...

ADOLPHE. Merci, ma belle enfant, ne vous donnez pas la peine; je vous avoue que maintenant j'aime autant ne pas retrouver mon chemin.

EMMELINE. Il y a donc une grande chasse dans la forêt?

ADOLPHE. Oui, le duc de Weimar, la duchesse de Symmeren et toute la cour.

EMMELINE. Et vous êtes de leur suite? (*à part.*) Si j'osais l'interroger! (*haut.*) Dites-moi, monsieur, puisque vous êtes de la cour, connaissez vous le comte Adolphe?..

ADOLPHE. Si je le connais... (*à part.*) Eh bien! par exemple, voilà une singulière question; ne nous trahissons pas.

EMMELINE. Le comte Adolphe... neveu du grand-duc.

ADOLPHE. C'est bien cela!.. Que lui voulez-vous?

EMMELINE. Rien, monsieur, mais je voudrais bien savoir ce que l'on dit de lui, et vous-même ce que vous en pensez?

ADOLPHE. Quoi! vraiment, vous me demandez mon opinion. (*à part.*) Eh bien! la situation est orignale... (*haut.*) En honneur, mon enfant, il me sera difficile de vous répondre... car je ne suis pas bien sûr de le connaître; mais puisque vous l'exigez...

*AIR.*

Dans ses penchans inconstant et volage,
Son cœur léger, au plaisir asservi,
A tous les goûts, hors celui d'être sage,
Voilà, voilà ce que l'on dit de lui.

A la cour, de lui l'on vante
Plus d'une aventure galante;
Pourtant Adolphe est très discret,
Des amans c'est le plus discret;
Mais quoiqu'il garde le secret,
Ce secret bientôt à la ronde
Devient celui de tout le monde.

Est-ce sa faute? Inconstant et volage,
Son cœur léger, au plaisir asservi,
A tous les goûts, hors celui d'être sage,
Voilà, voilà ce que l'on dit de lui.

EMMELINE. Comment! monsieur...

ADOLPHE. Voilà ce que disent les envieux! mais notez que cela n'est pas vrai... C'est au contraire un excellent garçon, un joli cavalier, aussi aimable que modeste.

EMMELINE. A la bonne heure... j'en étais sûre...

ADOLPHE. Mais vous allez me dire maintenant d'où vient l'intérêt que vous lui portez, et pourquoi ces informations...

EMMELINE, *voulant sortir.* Non, monsieur... ça m'est impossible.

ADOLPHE, *la retenant.* Il le faudra pourtant bien, car je ne vous quitte pas qu'à votre tour vous ne m'ayez aussi répondu... (*à Emmeline qui veut lui échapper.*) Allons, il faut satisfaire ma curiosité.

## SCENE VI.

LES PRÉCÉDENS, GROMLER.

GROMLER. Eh bien! monsieur, qu'est-ce que je vois là?

ADOLPHE, *se retournant.* Eh! c'est mon gouverneur... vous voilà donc retrouvé? (*regardant Emmeline qui a profité de ce mouvement pour s'enfuir et pour rentrer dans la maison.*) Eh bien! je l'aurais parié, vous lui avez fait peur... une jeune fille charmante avec laquelle j'étais à causer, et je suis sûr que dans toute leur chasse ces messieurs n'ont point fait d'aussi jolie rencontre.

GROMLER. Une belle occupation pour un seigneur de votre âge! et si votre oncle, si monseigneur vous avait aperçu... que n'aurait-il pas dit?.. lui, qui est si rigide sur les mœurs!

ADOLPHE. Je ne craignais rien... vous étiez là... vous m'auriez justifié.

GROMLER. Qu'est-ce à dire, monsieur?

ADOLPHE. Oui, mon cher Gromler, ne vous fâchez pas. Depuis deux ans je sais votre secret... et puisque me voilà majeur, puisque bientôt votre tâche est terminée, je puis vous l'avouer... Mon cousin Albert et moi avons été confiés à vos soins, et en vous nommant notre gouverneur le grand-duc, pour stimuler votre zèle et votre surveillance, vous a promis une place de conseiller si à l'époque de notre majorité nous ne lui avions donné aucun sujet de plainte.

GROMLER. Quoi! monsieur, l'on a eu la légèreté de vous confier...

ADOLPHE. Rassurez-vous; c'est vous-même qui, à la suite d'un dîner diplomatique, avez un jour oublié votre discrétion ordinaire... c'était une imprudence.. les secrets d'état ne devraient jamais dîner en ville. Quoi qu'il en soit, je n'ai point abusé de celui-ci... mais j'en ai tiré parti, et je l'ai employé avec succès. Ainsi, dans le cours de nos voyages, malgré mes dissipations, mes folies, j'étais tranquille. je comptais sur vous. Il fallait voir avec quels soins vous en dérobiez la connaissance à son altesse! et mes dettes, car j'en ai fait pas mal, je crois que vous les auriez payées de votre argent plutôt que de faire contre moi le plus petit rapport... de sorte que sous votre égide, et à la faveur de mon gouverneur, j'ai été mauvais sujet impunément et à la satisfaction générale... mes ennemis naturels étaient devenus mes alliés.

GROMLER, *sévèrement.* Monsieur, monsieur!..

ADOLPHE. Qu'est-ce que c'est?

GROMLER. Monsieur, je vous prédis que vous ferez un jour un profond politique.

ADOLPHE. Tant mieux pour vous, mon gouverneur, ça vous fera de l'honneur.

GROMLER. Et vous avez sans doute fait part de cette découverte à Albert votre cousin?

ADOLPHE. Non, je vous le proteste. Il n'en avait pas besoin; il est trop sage, trop raisonnable; c'est la vertu même, et il est bien étonnant qu'étant tous deux à la même école...

GROMLER. Cela prouve, monsieur, que le caractère...

ADOLPHE. Fait beaucoup plus que le gouverneur; ça a toujours été mon opinion. Mais, dites-moi donc où est Albert? Il voyage encore, je le présume; personne à la cour ne s'en doute, excepté vous... qui savez probablement...

GROMLER. Oui, certes, mon élève a trop de confiance en moi pour ne pas me faire part des projets... Mais, vous qui êtes si adroit, vous ne soupçonneriez pas... (*à part.*) Ça me rendrait service!

ADOLPHE. Non, je vous le dirais... Mais puisque vous savez le lieu qu'il habite, écrivez-lui de ma part de ne pas revenir, parce que sa présence dérangerait ici tous nos projets... c'est un grand secret qu'il faudra que je vous confie... (*tirant sa montre.*) mais plus tard, car voici le rendez-vous de chasse, et je cours rejoindre son altesse.

GROMLER, *le retenant.* Un instant, monsieur, un instant; vous pouvez toujours me dire ces deux mots...

ADOLPHE. On attend ici mon cousin Albert pour épouser Blanche de Symmeren.

GROMLER. Et le même jour on doit vous marier à la baronne de Bernbourg... c'est l'intention formelle de son altesse.

ADOLPHE. Oui, mais ce n'est pas la mienne... Je ne peux pas souffrir la baronne qui est affreuse, et j'adore Blanche de Symmeren.

GROMLER. O ciel! la fiancée, la future de votre cousin!

ADOLPHE. Ce serait celle de mon oncle que cela n'y ferait rien. Je l'aimais depuis long-temps, et c'est moi que l'on a chargé d'aller à la cour de son père pour la demander en mariage! Vous sentez qu'il a fallu toute ma prudence pour ne pas refuser.

GROMLER. Vous avez bien fait, mon ami, vous avez bien fait; vous m'auriez compromis d'une manière étrange...

ADOLPHE. Mais c'est égal, je crois que Blanche est sensible

à mon amour, et que je ne lui suis pas indifférent... et si Albert veut m'aider par son absence... s'il ne revient pas, il y aura moyen, malgré le grand-duc lui-même, de rompre ce mariage, et je compte sur vous, mon gouverneur...

GROMLER. Moi, monsieur, vous pouvez supposer...

ADOLPHE. Oui, oui, je vous connais! Tantôt nous nous entendrons là-dessus... je cours rejoindre le quartier-général... ( *Il sort.* )

## SCENE VII.

GROMLER, *seul.*

O ma place!... ô ma place!... que j'aurai de peine à vous conquérir!.. L'aider à rompre ce mariage... engager Albert à ne point revenir à la cour... lorsque depuis huit jours le grand-duc m'a donné l'ordre positif de rappeler mon élève... Et c'en est fait de mon emploi de conseiller et de toutes mes espérances, si aujourd'hui même il n'est pas de retour au palais... Mais où est-il? où le trouver? je vous le demande; car malgré l'assurance que j'affecte avec tout le monde... je dois convenir ici que je n'en sais rien... il m'a prévenu seulement qu'il partait pour quelques jours, et je n'ai pas osé le lui défendre... On ne sait pas combien les fonctions de gouverneur sont délicates, surtout quand il s'agit d'un prince, d'un héritier présomptif!

PREMIER COUPLET.

Pour braver l'orage qui gronde
Et ménager tous les partis,
Pour être ami de tout le monde,
Et rester enfin où je suis,
Daignez me conseiller de grace,
Girouettes de nos jours,
Vous qui tournez, tournez toujours,
Et qui toujours restez en place.

DEUXIÈME COUPLET.

Entre le prince et le monarque,
Et l'avenir et le présent,
Avec art conduisons ma barque,
Et pour savoir d'où vient le vent,
Daignez me conseiller de grace,
Girouettes de nos jours, etc.

TROISIÈME COUPLET.

Servons donc, quel sort est le nôtre!
Mon élève est mon souverain,
Car l'un règne aujourd'hui, mais l'autre
Peut-être régnera demain!
Par-là, j'imite votre audace,
Girouettes de nos jours,
Vous qui tournez, tournez toujours,
Et qui toujours restez en place.

## SCENE VIII.

### GROMLER, ALBERT.

ALBERT, *à part.* Il y a du monde dans la forêt... il ne serait pas prudent d'y rester... rentrons.

GROMLER. O ciel! en croirai-je mes yeux... le prince lui-même sous ce déguisement.

ALBERT. C'est vous, Gromler... de grace, taisez-vous.

GROMLER. Je me tais, mon prince.. Mais comment se fait-il? nous étions tous d'une inquiétude... moi surtout.

ALBERT. Donnez-moi des nouvelles... Que se passe-t-il à la cour? Mon père doit être furieux contre moi.

GROMLER. Il devrait l'être, maisgrace à moi il ne sait rien... Pour motiver votre longue absence je l'ai prévenu que vous vouliez, afin d'achever votre éducation, faire seul et incognito un voyage en France.

ALBERT. C'est bien, tu m'as sauvé... Mais comment a-t-il interprété mon silence?

GROMLER. J'y ai suppléé... tous les huit jours j'étais censé recevoir une lettre de vous... et je donnais de vos nouvelles.

ALBERT. O mon ami... quelle reconnaissance je te dois!

GROMLER. Je rendais compte à votre père de votre voyage, de vos observations critiques, je lui parlais de vos aventures; et, à propos de cela, je vous préviendrai de ce qui vous est arrivé, car encore faut-il que vous soyez au fait!

ALBERT. Et comme on me l'a assuré est-il vrai que Blanche de Symmeren soit arrivée?

GROMLER. Oui, monseigneur... et tout s'apprête pour vos noces.

ALBERT. Mes noces! Adieu... je m'en vais.

GROMLER. Ne vous en avisez pas... ce n'est pas là mon affaire.

ALBERT. Tu m'as donné trop de marques d'amitié pour que je n'aie pas confiance en toi... Apprends que cet hymen est impossible... je suis marié.

GROMLER. Marié!... C'est fait de moi.

ALBERT. Secrètement et sous un nom supposé.

GROMLER. Le mariage est nul.

ALBERT. Non pas pour moi.

GROMLER. Mais pour votre père... qui n'y consentira jamais. Vous n'aviez aucun droit de disposer de vous-même; le rang que vous occupez... votre âge même s'y oppose, car c'est d'aujourd'hui seulement que vous atteignez votre majorité... Il y a donc mille raisons pour faire casser votre mariage.

ALBERT. Je le sais comme toi... Que faut-il donc faire?

GROMLER. Garder sur tout ceci le plus profond silence... mais reparaître à la cour... c'est l'essentiel... y retourner aujourd'hui même, sur-le-champ.

ALBERT. A quoi bon?

GROMLER. A quoi bon, à quoi bon? Parce que quand vous y serez, vous servirez plus utilement vos intérêts qu'en restant ici sous ce déguisement... Il faut fléchir votre père, et ce n'est pas en l'irritant contre vous et contre moi que vous y parviendrez.

ALBERT. Tu as peut-être raison.

GROMLER. Alors partez à l'instant... car on vient de ce côté. et si l'on vous apercevait tout serait perdu.

ALBERT. Je veux au moins dire adieu à celle que j'aime.

GROMLER. Je m'en charge!

ALBERT. Mais tu ne la connais pas.

GROMLER. C'est égal! vous me donnerez vos ordres... mais de grace, éloignez vous!

ALBERT. Adieu... adieu... surtout le plus profond secret. ( *Il sort.* )

## SCENE IX.

GROMLER, *seul.*

Certes, ce n'est pas moi qui vous trahirai! O ma place! Grace au ciel, il retourne au palais... Me voilà tranquille; c'est aujourd'hui qu'il est majeur... et c'est aujourd'hui que je suis nommé. Une charge dans la magistrature, c'est inamovible... et après cela, que les explications aient lieu, qu'on se brouille, qu'on s'arrange, ça m'est égal... je ne suis plus responsable, je suis retiré des affaires, et le fauteuil de conseiller est un port où l'on peut dormir après l'orage... C'est le prince et toute la cour.

## SCENE X.

GROMLER, LE DUC DE WEIMAR, BLANCHE, ADOLPHE, CHOEUR DE PAYSANS ET DE CHASSEURS.

LE CHOEUR.

Chasseur intrépide,
Qui d'un pas rapide
Parcourez ces lieux;

Le temps nous seconde,
Que le cor réponde
A nos cris joyeux.

ADOLPHE, *regardant Blanche a qui il donne la main.*

Que cette chasse est agréable!

LE DUC.

Oui, c'est un plaisir enchanteur!

GROMLER.

Je pense comme monseigneur!

BLANCHE.

Quant à moi la chaleur m'accable!

ADOLPHE, *aux villageois qui sont près de lui.*

Courez donc, mes amis,
Là, dans cette chaumière,
Vous trouverez, j'espère,
Du laitage et des fruits.

LE CHOEUR.

Chasseur intrépide, etc.

LE GRAND-DUC. Mon fils manquait seul à cette partie de plaisir, mais j'espère qu'aujourd'hui même nous le reverrons. (*A Gromler.*) Vous lui avez fait part de mes intentions?

GROMLER. Vous ne pouviez douter de son obéissance ni de la mienne; mon auguste élève, plein de respect pour son gouverneur, a quitté la France au reçu de ma dernière lettre... Il vient d'arriver et vous attend au palais.

BLANCHE, *à part.* Ah mon Dieu!

ADOLPHE, *de même.* Que dit-il? (*bas à Gromler.*) Est-ce là ce que vous m'aviez promis?

LE GRAND-DUC. C'est bien, Gromler! je suis content. Messieurs, je vous invite pour aujourd'hui à une double cérémonie... C'est ce soir que mon fils épousera Blanche de Symmeren, et mon neveu la baronne de Bernbourg.

ADOLPHE. Quoi! votre altesse voudrait que le jour même de l'arrivée de mon cousin...

GROMLER. Oui... aujourd'hui... c'est bien près. (*A part.*) surtout pour les explications. (*haut.*) Mais il me semble que demain...

LE GRAND-DUC, *sévèrement.* Je n'ai pas l'habitude de revenir sur les décisions que j'ai prises, ni de rien changer aux ordres que j'ai donnés. (*A un des seigneurs de la suite.*) Werner, vous les ferez exécuter, et que tout soit près pour ce soir.

GROMLER. Je prie monseigneur de croire que ce que j'en ai dit était par forme de conversation, car du reste je pense exactement comme son altesse. Mais on a préparé là-dedans une collation pour votre altesse et pour sa suite.

LE GRAND-DUC. Grand merci, mes amis... Blanche, venez-vous ?

BLANCHE. Non, monseigneur... le grand air me fait du bien, j'aime autant rester... et puis, je ne suis pas enthousiaste des repas de paysans.

LE GRAND-DUC. Les paysans sont mes sujets, mes enfans... ils sont comme vous de ma famille... ce sont leurs travaux qui subviennent à nos dépenses et à nos fêtes... et nous pouvons bien aujourd'hui encore accepter un repas de ceux qui nous nourrissent tous les jours... Mes enfans... je vais me mettre à table avec vous. (*Il entre dans la chaumière.*)

TOUS LES PAYSANS, *le suivant.* Vive monseigneur !

GROMLER. Oui, sans doute, et je vais aussi me mettre à table. (*Ils entrent tous dans la chaumière.*)

## SCENE XI.

### ADOLPHE, BLANCHE.

BLANCHE. Vous voyez, monsieur, combien je suis bonne ; je viens de m'exposer à la colère de votre oncle et de subir une leçon de morale exprès pour rester un instant avec vous et vous faire mes adieux.

ADOLPHE. Vos adieux !

BLANCHE. Eh ! mais... je crois que c'est le moment ou jamais, puisqu'aujourd'hui je vais épouser votre cousin le prince Albert.

ADOLPHE. Et vous me dites cela froidement, tranquillement ! vous laisserez ainsi contraindre votre volonté ?

BLANCHE. D'abord, en thèse générale, les princesses n'ont pas de volontés ; les princes... je ne dis pas ; et quelles qu'elles soient, il faut bien s'y soumettre quand on ne peut pas faire autrement.

ADOLPHE. Ah ! si vous le vouliez ! il y aurait bien des moyens.

BLANCHE. Et lesquels ?

ADOLPHE. D'avouer la vérité à mon cousin Albert, de lui dire que vous ne l'aimez pas ; et je le connais, il est trop bon, trop généreux, pour ne pas renoncer à votre main quand il saura que vous en aimez un autre.

BLANCHE. Mais d'abord il faudrait être sûr que j'en aime un autre.

ADOLPHE. Ah! vous voulez me réduire au désespoir.

BLANCHE. Eh bien non! je veux bien me persuader qu'il en est ainsi! Mais en admettant cette supposition...

ADOLPHE, *avec colère.* Une supposition!

BLANCHE. Eh bien! une vérité, si vous le voulez, ne disputons pas sur les mots! Qu'en arrivera-t-il? que je serai libre... moi! que je n'épouserai pas le prince Albert; mais cela vous empêchera-t-il d'épouser la baronne de Bernbourg? J'ai entendu dire que, sujette fidèle et soumise, elle n'était nullement disposée à la révolte et paraissait très décidée à obéir aux ordres du grand-duc.

ADOLPHE, *avec mauvaise humeur.* Je crois bien! elle m'adore.

BLANCHE. Toujours avantageux!

ADOLPHE. Mon Dieu! ce que j'en dis n'est pas par amour-propre, c'est par désespoir! elle n'aura jamais la générosité de renoncer à moi.

BLANCHE. Vous voyez alors que j'avais raison... qu'il faut nous résigner, moi à mon sort, et vous... à votre baronne.

ADOLPHE. J'irai me jeter aux pieds de mon oncle, je lui peindrai ma douleur et la vôtre.

BLANCHE. Eh bien! par exemple...

ADOLPHE. Je parviendrai à le fléchir.

BLANCHE. Jamais! il ne revient pas sur ses résolutions; c'est un grand-duc philosophe et obstiné, un prince qui tient à ses idées et à sa parole, et ce soir même...

ADOLPHE. Plutôt mourir!... (*s'arrêtant.*) Mourir! ah! mon Dieu! quelle idée. (*prenant sa résolution.*) Eh bien! au fait, il n'y a pas d'autre moyen... avec mon oncle c'est la seule manière de gagner du temps... Voilà votre mariage qui est suspendu... voilà le mien ajourné indéfiniment... et d'ici là les événemens...

BLANCHE. Qu'allez-vous faire? Adolphe, je vous en supplie, n'allez pas exposer vos jours... mon repos... mon bonheur.

ADOLPHE, *avec joie.* Vous m'aimez donc! vous en convenez.

BLANCHE. Eh bien! oui; mais pas de folie, pas d'extravagance.

ADOLPHE. Au contraire... un projet combiné avec une sagesse... c'est pour cela qu'on ne pourra jamais soupçonner; mais il me faudrait quelqu'un qui jouerait son rôle, qui me seconderait enfin, ce que nous appelons un compère. (*apercevant Gromler qui sort de la chaumière.*) Ah! mon gouverneur!...

## SCENE XII.

LES PRÉCÉDENS, GROMLER.

ADOLPHE. Gromler... venez vite. j'ai à vous parler... un projet victorieux et décisif pour rompre mon mariage... pour tromper son excellence... mais je ne puis rien sans vous.

GROMLER. Qu'est-ce que c'est, monsieur?

ADOLPHE. Du silence... c'est le dernier service que j'attends de vous... mais il faut me le rendre, ou je cours avouer à mon oncle toutes mes extravagances passées... mes désordres, mes dissipations.

BLANCHE. Comment, monsieur...

ADOLPHE. Ce n'est pas vrai; c'est pour l'effrayer.

GROMLER. Qu'allez-vous faire? me compromettre...

ADOLPHE. Le ciel m'en préserve!.. mais cela dépend de vous... venez, je vais vous expliquer... et vous, madame, quoi qu'il arrive, quoi qu'il vous raconte, ne vous effrayez pas, et surtout ne croyez rien de ce que vous dira mon gouverneur. (*Il sort avec Gromler par la droite.*)

## SCENE XIII.

LE GRAND-DUC, BLANCHE, EMMELINE, VILLAGEOIS, *suite du Prince.*

*FINAL.*

LE CHOEUR.

Chantons ce prince, objet de notre amour,
Chantons l'honneur qu'il nous fait en ce jour!

EMMELINE, *lui présentant des fleurs.*

Gloire au roi qui de ses sujets
Avant tout veut être le père;
On le vante dans les palais,
On le bénit dans la chaumière.

LE GRAND-DUC, *à Emmeline.*

Je veux, ma belle enfant, revenir dans ces lieux;
(*à Blanche, en la lui montrant.*)
Que sa grace naïve a d'attraits à mes yeux!

## SCENE XIV.

LES PRÉCÉDENS, GROMLER, *rentrant par la droite.*

GROMLER, *affectant un grand effroi.*

Ah! monseigneur, ah! grand Dieu!
Ah! quelle nouvelle effroyable!

( *bas à Blanche.* )

Ne craignez rien,... c'est une fable

( *haut.* )

Le comte Adolphe...

LE GRAND-DUC.

Mon neveu...

TOUS.

Eh bien donc! achevez, de grace!

EMMELINE, *à part.*

De frayeur tout mon sang se glace!

GROMLER, *hésitant et cherchant ses mots.*

Soit le dépit... le désespoir...
Vous savez comme moi quel est son caractère!
Soit son imprudence ordinaire...
Un villageois vient de le voir...
S'élancer sur un roc élevé... son pied glisse...
Et le voilà qui roule au fond d'un précipice.

EMMELINE, *poussant un cri.*

Grands dieux!

GROMLER.

En vain l'on a couru!
A tous les yeux il avait disparu!...

ENSEMBLE.

EMMELINE.

O désespoir extrême!
Pour moi plus d'avenir!
J'ai perdu ce que j'aime,
Je n'ai plus qu'à mourir.

GROMLER.

Hélas! malgré moi-même,
Il m'a fallu mentir,
D'un pareil stratagème
On pourra me punir.

BLANCHE.

Je ris malgré moi-même,
Et j'en dois convenir,
D'un pareil stratagème
Je ne puis revenir.

LE GRAND-DUC.

Adolphe, ô toi que j'aime.
O funeste avenir!
A mon amour extrême
On vient de te ravir.

LE CHOEUR.

Perdre un neveu qu'il aime!
O funeste avenir!
Oui de mon trouble extrême
Je ne puis revenir.

EMMELINE.

Ah! puisse la mort qui m'est chère
Tous deux bientôt nous réunir!

BLANCHE.

Que dit-elle?

EMMELINE.

Plus de mystère!
Puisqu'Adolphe n'est plus, je puis tout découvrir!

LE GRAND-DUC.

Que faites-vous?

EMMELINE.

Je viens braver votre colère,
Punissez-moi, seigneur, il était mon époux!

BLANCHE.

Votre époux!

TOUS.

Son époux!

GROMLER, *à part.*

Dieu! quelle découverte!

BLANCHE, *à part.*

Dieu! quelle trahison!

GROMLER, *de même.*

Il a juré ma perte!

LE GRAND DUC, *à Emmeline.*

Levez-vous...

(*à sa suite.*)

Epargnez sa douleur à mes yeux.

BLANCHE, *à Emmeline.*

Oui, venez avec moi.

GROMLER, *à part, avec désespoir.*

Mariés tous les deux!...

ENSEMBLE.

EMMELINE.

O désespoir extrême!
Pour moi plus d'avenir!
J'ai perdu ce que j'aime,
Je n'ai plus qu'à mourir.

BLANCHE.

De ma surprise extrême
Je ne puis revenir;
Mais me tromper moi-même!..
Je saurai l'en punir.

GROMLER.

Quel embarras extrême!
Que vais-je devenir?
D'un pareil stratagème
C'est moi qu'on va punir.

LE GRAND-DUC.

Quelle surprise exttrême!
Mais puis-je la punir?
Lorsque l'époux qu'elle aime,
Hélas! vient de périr.

LE CHOEUR.

Quelle surprise extrême!
Mais comment la punir?
Lorsque l'époux qu'elle aime,
Hélas! vient de périr.

(*Les villageois sortent à gauche, le prince, Emmeline et sa suite par le fond, et Blanche avec Gromler à qui elle adresse des reproches. La toile tombe.*)

FIN DU PREMIER ACTE.

# ACTE II.

Le théâtre représente un appartement du palais ; portes au fond et latérales. Au fond du théâtre, un trône élevé de plusieurs marches.

---

## SCENE PREMIERE.

GROMLER, EMMELINE.

GROMLER. Oui, c'est l'ordre du grand-duc, qui veut offrir un asile près de lui à la veuve de son neveu ; attendez-moi ici, je vais prévenir son altesse et reviens vous chercher. (*Il sort par la porte à droite.*)

EMMELINE, *seule, et regardant autour d'elle.*

*RÉCITATIF.*

Qui, moi?... dans ce palais on me verrait paraître !
Non, je n'y puis rester, mais de mon noble maître
Comment repousser les bienfaits ?
Ah! si j'osais... je lui dirais :

*AIR.*

Laissez-moi, je vous en conjure,
Livrée à mes justes douleurs ;
Je veux une retraite obscure,
Où je puisse cacher mes pleurs.

Douleur extrême !
Vœux superflus !
O toi que j'aime,
Et qui n'es plus !
A toi j'engage
Toujours ma foi,
Et ton image
Est avec moi.

Oui, cette main que la tienne a pressée,
A toi seul doit appartenir ;
Pour toi sera ma dernière pensée,
Ainsi que mon dernier soupir.

Douleur extrême!
Vœux superflus!
O toi que j'aime,
Et qui n'es plus!
A toi j'engage

Toujours ma foi,
Et ton image
Est avec moi.

GROMLER, *rentrant.* Venez, venez, le grand-duc, qui parait fort agité, désire vous parlez. (*à part.*) Qu'est-ce que cela va devenir! je tremble pour moi et pour ma place!

(*Il sort avec Emmeline par la porte à droite au moment où entre par le fond la foule des courtisans.*)

## SCENE II.

PLUSIEURS PERSONNES DE LA COUR *et* GENS DU PALAIS.

LE CHOEUR.

Après trois mois d'absence,
Il revient dans ces lieux;
Célébrons sa présence
Par nos chants et nos jeux.

De sévères devoirs attristaient ce séjour,
Qu'avec lui les plaisirs reviennent à la cour!

## SCENE III.

LES PRÉCÉDENS, ALBERT, *en costume de cour, entrant entouré de plusieurs courtisans.*

ALBERT.

Merci, mes chers amis, un accueil aussi tendre
De mon cœur enchanté comble tous les désirs;
De cette fète où l'on veut bien m'attendre,
J'irai plus tard partager les plaisirs.

*à part.*

Hélas! au fond du cœur, je ne puis m'en défendre,
Tout vient me rappeler de cruels souvenirs.

LE CHOEUR.

Après trois mois d'absence,
Il revient dans ces lieux;
Célébrons sa présence
Par nos chants et nos jeux!

(*Ils sortent tous par la porte à droite et l'on entend par intervalles le bruit de la fête.*)

## SCENE IV.

ALBERT, *seul, fait quelques pas d'un air mélancolique, puis regarde autour de lui tous les objets qui l'environnent.*

ROMANCE.

PREMIER COUPLET.

Palais pompeux, riches demeures,
Ne valent pas l'humble séjour
Où s'écoulaient toutes mes heures
Avec Emmeline et l'amour.
Oui, près de celle qui m'est chere,
Naguère je disais : hélas !
Plaisirs des rois ne valent pas
Un seul jour de bonheur passé dans la chaumiere.

DEUXIÈME COUPLET.

Qui me rendra sa voix si pure,
Et ses regards si séduisans ?
Qu'elle était belle sans parure !
Fraîche comme la fleur des champs !
Seigneurs et princes de la terre,
En la voyant diraient tout bas :
Plaisirs des rois ne valent pas
Un seul jour de bonheur passé dans la chaumiere.

## SCENE V.

ALBERT. HERMAN.

HERMAN. On fait demander à son altesse à quelle heure elle veut que s'assemble le conseil...

ALBERT, *préoccupé.* A quelle heure... et pourquoi ?

HERMAN. Vous savez bien qu'aujourd'hui, jour de votre majorité, c'est vous qui devez le présider ; du moins ce sont les ordres de monseigneur votre père.

ALBERT. C'est juste, et je te remercie de me l'avoir rappelé ; dis à ces messieurs, qu'aujourd'hui à trois heures j'aurai ici l'honneur de les recevoir.

HERMAN, *saluant et prêt à sortir.* Oui monseigneur. (*revenant.*) J'oubliais de vous dire qu'il y a aussi une personne qui désire ne pas être connue et qui supplie votre altesse de vouloir bien lui accorder sur-le-champ un instant d'audience.

ALBERT. Faites entrer, et laissez-nous !

(*Herman sort faisant signe à l'étranger d'entrer.*)

## SCENE VI.

ALBERT, ADOLPHE, *enveloppé d'un manteau.*

ALBERT. Que me voulez-vous, monsieur, et pourquoi ce mystère?

ADOLPHE, *ouvrant son manteau.* Enfin nous sommes seuls.

ALBERT, *courant à lui.* C'est Adolphe! c'est mon cousin!

ADOLPHE. Oui, mon ami; dépêchons-nous de nous embrasser, car il a fallu toute l'amitié que je te porte pour m'exposer ainsi!.. apprends donc que depuis deux heures je suis mort, et c'est pour toi que je reviens.

ALBERT. Quelle est cette nouvelle extravagance?

ADOLPHE. Un moyen d'échapper à l'hymen dont je suis menacé... il est des époux au désespoir qui se tuent après leur mariage; moi j'ai commencé par-là...on à la noce de moins, c'est toujours cela de gagné...

ALBERT. Quelle imprudence! et que dira mon père quand il connaîtra enfin?...

ADOLPHE. Il ne les aura que dans deux ou trois mois, et il sera alors trop heureux de retrouver un neveu qu'il aime... D'ici là la baronne aura trouvé un autre époux... elle est très riche... et en ne la regardant qu'au travers de la dot c'est un parti éblouissant... Moi, pendant ce temps je voyagerai en pays étranger, incognito, sans faste, sans éclat, et d'une manière conforme à ma nouvelle condition; mais quoique défunt, encore faudra-t-il vivre et je venais m'adresser...

ALBERT. Je comprends... voilà pourquoi tu viens ainsi.

ADOLPHE. C'est la vérité... de mon vivant je n'ai jamais fait d'économies, et puis je ne m'attendais pas à mourir si vite, de sorte que je n'ai pas mis ordre à mes affaires...

ALBERT. Que te faut-il?

ADOLPHE. Mes frais de voyage... cinq ou six cents ducats, plus si tu veux...

ALBERT. Tu les auras, ce soir avant ton départ, quand je devrais les emprunter...

ADOLPHE. Si tu es dans l'embarras, adresse-toi à notre gouverneur, il te trouvera cela; c'est toujours lui qui se chargeait pour moi...

ALBERT. Vraiment... je ne m'en doutais pas... mais pars vite... dérobe-toi à tous les yeux et attends-moi ce soir sur les remparts.

ADOLPHE. Mon ami, mon excellent cousin, un mot encore, car ta générosité m'accable, et je sens des remords... Tu dois penser que si je refuse la baronne c'est que j'ai d'autres projets... une autre inclination... et tu ne m'interroges pas là-dessus...

ALBERT. Je respecte ton secret.

ADOLPHE. Eh bien! tu as tort, tu aurais déjà dû me demander le nom de celle que j'aime.

ALBERT. Et pourquoi?

ADOLPHE. C'est que de moi-même je n'ai pas la force de te l'avouer; après ce que tu fais pour moi, il me semble qu'il y a de l'ingratitude.

ALBERT, *avec joie*. Que veux-tu dire... et quel soupçon?.. Est-ce que tu aimerais Blanche de Symmeren, ma prétendue?

ADOLPHE. Hélas! oui...

ALBERT. Dieu soit loué! mon ami, mon cher Adolphe... nous sommes quittes, ou plutôt c'est moi qui te dois de la reconnaissance.

ADOLPHE. Quoi! vraiment... ce mariage te contrariait?..

ALBERT. Plus que je ne peux te dire, et je cherchais les moyens de le rompre.

ADOLPHE. Eh bien! voyez comme cela se rencontre! ce que c'est que de s'entendre dans les familles... Apprends donc que Blanche était désolée de t'épouser, et la raison c'est qu'elle m'aime, c'est qu'elle m'adore.

ALBERT. A merveille... mais va-t-en, car on vient de ce côté.

ADOLPHE. C'est elle, je peux rester. Elle est au fait de mon stratagème... c'est d'accord avec elle... tu sens bien que d'après la tendresse que nous avions l'un pour l'autre...

ALBERT. Taisons-nous... la voici!

## SCENE VII.

LES PRÉCÉDENS, BLANCHE.

*TRIO.*

ADOLPHE.

Venez, rassurez-vous, madame;
Devant le meilleur des parens
Que sans rien craindre ici votre ame
Laisse éclater ses sentimens.

BLANCHE, *passant entre eux deux.*

Au prince dont chacun révère
L'honneur, la gloire et les talens,
Je puis sans crainte, et j'en suis fière,
Déclarer mes vrais sentimens.

ALBERT.

Que dites-vous?

BLANCHE.

Que votre père
Veut nous unir, et ce matin,
Quand il m'a déclaré son ordre souverain...

ADOLPHE.

Vous avez répondu...

BLANCHE.

Qu'une telle alliance
Ne coûtait rien à mon obéissance.

ALBERT *et* ADOLPHE.

O ciel!

BLANCHE.

Et qu'il pouvait disposer de ma main.

ENSEMBLE.

BLANCHE.

Oui, du perfide que j'abhorre,
Je puis me venger à mon tour!
Tous mes chagrins, qu'il les ignore,
Je veux l'oublier sans retour!

ADOLPHE.

Voilà donc ce cœur qui m'adore,
Et qui me payait de retour!
Je n'en puis revenir encore,
Perdre en un jour autant d'amour!

ALBERT.

Voilà donc ce cœur qui l'adore,
Et qui le payait de retour!
Je n'en puis revenir encore,
Que deviendrai-je dans ce jour?

ADOLPHE, *à Blanche.*

Non un pareil hymen ne s'achèvera pas!

BLANCHE.

Aujourd'hui du grand-duc tel est l'ordre suprême!

ADOLPHE.

Non, mon oncle ne peut l'ordonner le jour même
Où d'un neveu si cher il apprend le trépas

BLANCHE.

Rassurez-vous, il connaît votre ruse;

ADOLPHE.

Qui m'a trahi?

BLANCHE.

C'est moi! D'un complot qui l'abuse
Je fus complice trop long-temps;
Il sait tout!

ADOLPHE.

Ah! qu'est-ce que j'entends!

BLANCHE.

Il sait par moi que vous vivez encore.

ADOLPHE.

Et c'est d'elle que vient pareille trahison !

BLANCHE, *avec ironie.*

J'ai rassuré tout ce qui vous adore...

ADOLPHE.

Ah ! c'en est fait, j'en perdrai la raison.

ENSEMBLE.

ADOLPHE.

Voilà donc ce cœur qui m'adore,
Et qui me payait de retour, etc.

BLANCHE.

Oui, du perfide que j'abhorre,
Je puis me venger à mon tour, etc.

ALBERT.

Voilà donc ce cœur qui l'adore,
Et qui le payait de retour, etc.

*A la fin de ce trio Adolphe fait signe à Albert de s'éloigner et de le laisser avec Blanche ; Albert sort.)*

## SCÈNE VIII.

ADOLPHE, BLANCHE.

ADOLPHE, *à part, au fond du théâtre.* Elle a beau dire, il est impossible qu'elle ne m'aime plus, et il y a quelque malentendu. (*s'approchant de Blanche.*) Vous avez tout confié à mon oncle ; je suis perdu, je le sais, rien ne peut me sauver de son ressentiment ; mais apprenez-moi du moins en quoi j'ai mérité votre colère, quel est mon crime ?

BLANCHE. Je n'ai rien à vous dire, monsieur ; interrogez votre oncle et votre juge... car le voici.

## SCÈNE IX.

LES PRÉCÉDENS, LE GRAND-DUC, GROMLER.

LE GRAND-DUC, *à Adolphe.* Je vous trouve bien hardi, monsieur, d'oser encore vous présenter devant moi après l'indigne artifice auquel vous n'avez pas craint d'avoir recours.

GROMLER. Monseigneur me rendra au moins la justice de croire que je n'y étais pour rien, et qu'abusé tout le premier par le récit de ce villageois...

LE GRAND-DUC. Je le sais, Gromler, et n'accuse que mon neveu.

ADOLPHE, *à part.* C'est cela, personne ne veut plus être de mon parti. (*haut.*) Eh bien ! monseigneur, puisque tout m'abandonne, il faut donc vous avouer la vérité... Oui, je voulais par ce moyen éviter un hymen qui faisait mon malheur, et si vous saviez dans quel motif...

LE GRAND-DUC. Nous les connaissons, et c'est là ce qui vous rend le plus coupable à mes yeux... j'excuserais tout le reste.

ADOLPHE. Que dites vous ?

LE GRAND-DUC. Oui, je pourrais vous pardonner de m'avoir trompé, mais avoir lâchement abusé une jeune fille sans appui, sans défense ! .

ADOLPHE, *cherchant.* Une jeune fille... laquelle... est-ce que par hasard... mais non, ce n'est pas possible... et si c'est là le crime dont on m'accuse...

BLANCHE. Quoi! vous prétendez nier?

ADOLPHE. Oui, sans doute.

GROMLER, *bas.* Avouez-le, monsieur, avouez-le sur-le-champ, puisque c'est connu.

ADOLPHE. Non, parbleu... j'avouerai toute autre chose si vous voulez... mais je défie bien que sur ce chapitre-là... on puisse me prouver...

BLANCHE, *à part.* Le perfide!..

LE GRAND-DUC. C'en est trop ; Gromler, amenez devant nous un témoin qu'il ne pourra récuser, et dont la présence doit le confondre...

GROMLER. Vous l'avez voulu... il le faut bien... (*Il sort un instant.*)

LE GRAND-DUC. Vous vous flattez en vain de l'impunité : malgré votre nom, malgré votre rang... je serai inexorable ; vous l'épouserez.

ADOLPHE. Moi, monseigneur!

LE GRAND-DUC. Oui ; l'on saura que dans ma cour il n'y a personne d'assez grand pour être au-dessus des lois!

## SCENE X.

LES PRÉCÉDENS, EMMELINE, *amenée par Gromler.*

*QUINTETTE.*

GROMLER, *amenant Emmeline.*

Point de frayeur!... Approchez-vous, de grace.

LE GRAND-DUC.

Oui, votre père est mort au champ d'honneur,
C'est à moi de tenir sa place,
Et d'être votre protecteur.

BLANCHE.

Sans crainte alors daignez répondre.

LE GRAND-DUC.

Oui, ma fille, remettez-vous,
Adolphe, mon neveu, n'est-il pas votre époux ?

EMMELINE.

Il l'a juré du moins !

BLANCHE.

Venez donc le confondre,
( *montrant Adolphe.* )
Car le voici !

EMMELINE, *avec joie.*

Que dites-vous ?

(*s'avançant.*)

Grand Dieu ! ce n'est pas lui !

ADOLPHE

Vous l'entendez !

GROMLER.

Que le ciel soit béni !
J'étais bien sûr que d'un crime semblable
Mon élève était incapable !

LE GRAND-DUC.

Quoi cet époux...

EMMELINE.

Ce n'est pas lui !

BLANCHE.

Que vous aimiez ?

EMMELINE.

Ce n'est pas lui !

LE GRAND-DUC.

Qui vous trahit ?

EMMELINE.

Ce n'est pas lui.

ENSEMBLE.

ADOLPHE, GROMLER.

Quel est donc ce mystère?
Quel est cet imposteur?
Rien ne peut le soustraire
A ma juste fureur.

LE GRAND-DUC.

Quel est donc ce mystère ?
Quel est le séducteur ?
Rien ne peut le soustraire
A ma juste fureur.

EMMELINE.

Quel est donc ce mystère ?
Quel est mon séducteur ?
Pourra-t-il se soustraire
A leur juste fureur !

BLANCHE.

Quel est donc ce mystère ?
Quel est son séducteur ?
Pourra-t-il se soustraire
A leur juste fureur !

EMMELINE.

De mon destin quelle est l'horreur !

La plus misérable victime
Connaît du moins son séducteur :
Et moi, dans le sort qui m'opprime,
J'ignore tout, hormis son crime,
Hormis ma honte et mon malheur.

LE GRAND-DUC.

Et moi je vous promets justice du perfide ;
Le conseil va se réunir,
Portez-lui votre plainte, il la doit accueillir.
Mon fils aujourd'hui même à ma place préside,
Il doit monter un jour au trône où je m'asseois,
Pour protéger le faible et défendre ses droits.

EMMELINE.

Qui?... moi... j'irais accuser ce que j'aime!

LE GRAND DUC.

Oui, je veux au conseil vous présenter moi-même.

ADOLPHE, GROMLER.

Quel est donc ce mystère?
Quel est cet imposteur?
Rien ne peut le soustraire
A ma juste fureur.

LE GRAND-DUC.

Quel est donc ce mystère?
Quel est le séducteur?
Rien ne peut le soustraire
A ma juste fureur.

EMMELINE.

Quel est donc ce mystère?
Quel est mon séducteur?
Pourra-t-il se soustraire
A leur juste fureur!

BLANCHE.

Quel est donc ce mystère?
Quel est son séducteur?
Pourra-t-il se soustraire
A leur juste fureur!

(*Entrent en ce moment deux huissiers à qui le grand-duc remet Emmeline; ils sortent avec elle par la porte à droite.*)

(*Adolphe et Blanche sur le devant du théâtre à gauche; le grand-duc, au fond, cause avec plusieurs seigneurs qui viennent d'entrer.*)

BLANCHE.

J'entends la marche du cortège.
C'est le conseil...

ADOLPHE.

Encore un seul instant!
Vous m'accusiez, et j'étais innocent;
M'en voulez-vous encor?

BLANCHE.

Non, mais que deviendrai-je?
Dans mon erreur, dans mon dépit,
J'ai donné ma parole; au prince elle m'engage,
Et c'est ce soir ce mariage.

ADOLPHE.

Comment faire à présent? le malheur me poursuit!

## SCENE XI.

LES PRÉCÉDENS. — *Marche : DES GARDES entrent les premiers, puis les CONSEILLERS, les PERSONNES DE LA COUR, qui se placent à gauche du spectateur.* — HOMMES *et* FEMMES DU PEUPLE *qui garnissent tous le fond du théâtre ;* ALBERT, *entrant par le fond.*

LE CHOEUR, *au moment où Albert passe au milieu des conseillers.*

De ce jour gardons la mémoire,
Voici notre prince chéri ;
De son père il sera la gloire,
Et du trône il sera l'appui.

*(Albert et tous les conseillers sont debout au fond du théâtre ; le grand-duc est placé à droite.)*

LE GRAND-DUC.

Messieurs, asseyez vous de grace,

*(à Albert, lui montrant le dais royal qui est élevé de quelques marches.)*

Et toi, mon fils, sur ce trône prends place ;
Que toujours la justice y siége auprès de toi.
Sans elle... on n'est qu'un maître ; avec elle, on est roi.

## SCENE XII.

LES PRÉCÉDENS, EMMELINE ET GROMLER, *sortant de la porte à droite près le fauteuil du grand-duc.*

LE GRAND-DUC.

Viens, ma fille, avance sans crainte.

EMMELINE.

Eh quoi.... vous le voulez, seigneur ?

LE GRAND-DUC, *montrant son fils.*

Au prince va porter ta plainte.

EMMELINE *s'avance lentement, monte les degrés du trône, et, au moment où elle remet au prince le papier, elle redescend précipitamment.*

Qu'ai-je vu ?

ALBERT, *la reconnaissant.*

Je frémis !

LE GRAND-DUC, *à Emmeline qui est revenue près de lui*

D'où vient donc ta frayeur ?

EMMELINE.

Hélas ! la force m'abandonne,
Je suis perdue ! et sans retour.

LE GRAND-DUC.

Réponds !

EMMELINE.

Malgré moi je frissonne.

(*étendant la main.*)

Là... là...

LE GRAND-DUC.

Parmi les seigneurs de la cour ?

EMMELINE.

Je viens de voir...

LE GRAND-DUC.

Ton séducteur ?...
Eh bien ! va l'accuser, et parle sans frayeur.
C'est moi qui suis ton défenseur.

EMMELINE, *s'approchant du trône.*

O vous que le destin vient d'établir mon juge !
Espoir des malheureux, et leur dernier refuge,
Prince... quel châtiment mérite, selon vous,
Celui qui, profanant jusqu'aux noms les plus doux,
D'une pauvre orpheline a surpris la tendresse ;
Par un faux hyménée a trompé sa jeunesse ;
Et qui, l'abandonnant, lui ravit aujourd'hui
Tout... excepté l'amour qu'elle a gardé pour lui !
Parlez... sur son destin que votre voix prononce ;
Sa victime à vos pieds attend votre réponse.

ALBERT.

Quel trouble !... quel effroi dans mes sens agités !

(*retombant sur son fauteuil.*)

Je voudrais... Je ne puis... Ah ! le remords m'accable.

LE GRAND-DUC.

Eh quoi ! mon fils, vous hésitez ?...
Je reprends donc mes droits pour punir le coupable.

(*se levant.*)

La loi prononce qu'à l'instant
Il subisse son châtiment !
A moins que comme époux, aux pieds de sa victime,
Il n'implore soudain le pardon de son crime.

(*se retournant et voyant Albert qui est descendu du trône, et qui est aux pieds d'Emmeline.*)

Mon fils, que faites-vous ?

ALBERT.

Mon père,
J'exécute votre arrêt !

LE GRAND-DUC.

Grands dieux !... voilà donc le mystère
Qu'un fils ingrat me cachait !

ENSEMBLE.

ALBERT.

O ciel! que va-t-il faire?
Quel trouble dans ses sens!
Punissez-moi, mon père,
C'est la mort que j'attends.

BLANCHE, GROMLER, ADOLPHE.

O ciel! que va-t-il faire?
Quel trouble dans ses sens!
Calmez votre colère,
Epargnez vos enfans.

LE CHŒUR.

O ciel! que va-t-il faire?
Quel trouble dans ses sens!
Hélas! que sa colère
Pardonne à ses enfans.

LE GRAND-DUC, *qui, pendant l'ensemble précédent, est resté plongé dans ses réflexions.*

Vous avez bravé ma colère!
Votre père devrait punir...
Plus puissantes que moi, les lois que je révère,
Me condamnent à vous unir.

CHŒUR GÉNÉRAL.

O courage sublime
Dont nos cœurs sont émus!
D'un prince magnanime
Admirons les vertus!

*(Pendant le chœur précédent Albert et Emmeline se sont précipités aux pieds du grand-duc et le supplient de leur pardonner; le grand-duc hésite, les regarde avec émotion et finit par leur ouvrir ses bras.)*

FIN.

www.ingramcontent.com/pod-product-compliance
Lightning Source LLC
LaVergne TN
LVHW052014160826
845678LV00003B/1052